LA PHILOSOPHIE ET L'HOMME SUPERIEUR

LA PHILOSOPHIE ET L'HOMME SUPERIEUR

Dr. François Adja Assemien

Copyright © 2023 by Dr. François Adja Assemien.

All rights reserved. No part of this book may be reproduced in any form or by any electronic or mechanical means, including information storage and retrieval systems, without permission in writing from the author and publisher, except by reviewers, who may quote brief passages in a review.

ISBN: 978-1-961096-32-5 (Paperback Edition)
ISBN: 978-1-961096-33-2 (Hardcover Edition)
ISBN: 978-1-961096-31-8 (E-book Edition)

Book Ordering Information

The Regency Publishers, US
521 5th Ave 17th floor NY, NY10175
Phone Number: (315)537-3088 ext 1007
Email: info@theregencypublishers.com
www.theregencypublishers.com

Printed in the United States of America

Sommaire

Du Même Auteur vii
Introduction ix
1 L'axiologie, L'éthique Et L'homme Supérieur 1
2 L'idéologie, La Politique Et L'homme Supérieur 6
3 L'existence, Les Valeurs Et L'homme Supérieur 10
4 Le Matérialisme, L'idéalisme, Le Spiritualisme Et L'homme Supérieur 15
5 Scepticisme, Dogmatisme, Empirisme, Rationalisme, Homme Supérieur 19
6 Le Pragmatisme, L'utilitarisme, Le Nihilisme Et L'homme Supérieur 23
7 Réalisme, Athéisme, Scepticisme Et L'homme Supérieur 27
Conclusion 31
Résumé Du Livre 35
Biographie De L'auteur 37

Du Même Auteur

Les Rebelles Africains, roman, Edilivre, 2016
Les Règles d'or du bonheur, de la réussite, de la santé et du salut personnels, Edilivre, 2016
Introduction à la philocure, essai, Edilivre, 2016
L'Afrique interdite, roman, Edilivre, 2016
Le Monde ne vaut rien, essai, Edilivre, 2016
La Côte d'Ivoire a mal, essai, Edilivre, 2018
Président Donald Trump et les Africains, essai, Edilivre, 2020
L'Art de vivre en Amérique, guide, Edilivre, 2019
Education morale et spirituelle, manuel, Edilivre, 2016
La Conscience Africaine, essai, Edilivre, 2016
Thomas Sankara comme Thomas More et Socrate, essai, Ouagadougou, 2020
Ahikaba, roman, Mary Bro Foundation Publishing, London, 2018
Code électoral, roman, Black Stars, 1995
Portrait du bon et du mauvais électeur, du bon et du mauvais candidat, essai, Black Stars, 2000
La Côte d'Ivoire et ses étrangers, essai, Black Stars, 2002
La Pensée politique pour sauver la Côte d'Ivoire, essai, Afro-Star, 2003
Le Guide africain de philosophie, de sciences humaines et d'humanisme, Abidjan, 1985
L'Afrocratisme, essai, Afro-Star, 2003
The Current slavery in Africa, essay, Global Summit House, 2020

Corona virus, essay, Global Summit House, 2020
Let's save humanity and life, essay, Global Summit House, 2021
America is paradise, essay, Author's Note 360, 2021
The Power of American women, essay, GoldTouch Press, 2021
La Puissance des femmes américaines, GoldTouch Press, 2021
La Philosophie de l'esprit africain, essai, L'Harmattan, 2021
Philosophy about life, essay, Global Summit House, 2021
Aboubou musique, essai, Editions La Philocure, Abidjan, 2020

Introduction

La philosophie est une forme de pensée enseignée à l'école. Qu'est-ce qui la distingue des autres formes de pensée comme la science, la théologie, l'idéologie? La science étudie la matière, les phénomènes naturels observables, explicables et mesurables. La physique, la chimie, la biologie, par exemple, font partie de la science. La théologie étudie le divin, la relation entre les humains et Dieu. L'idéologie étudie les idées, soutient l'action socio-politique. Elle sert de guide aux politiciens. C'est une pensée instrumentale, pratique, utilitaire. Par exemple, le libéralisme, le socialisme, le communisme, le capitalisme. Quant à la philosophie, elle étudie les concepts, c'est-à-dire les idées les plus générales et abstraites, les principes, les causes dernières des choses. Cela peut porter sur les choses et les actions humaines. Le domaine (ou l'objet) de la philosophie est très vaste et complexe: l'agir et la connaissance sous toutes ses formes.

Grosso modo, la philosophie étudie l'homme dans sa totalité, sa globalité. Rien de ce qui est humain ne laisse la philosophie indifférente. La philosophie est anthropocentrique, c'est-à-dire que l'homme est son objet principal. L'homme est au centre de la pensée philosophique. Le philosophe étudie la condition de l'homme dans le monde (humanisme, eudémonisme), les valeurs de l'homme (morale, axiologie, éthique), la destinée et la nature de l'homme (métaphysique, ontologie), les facultés, la pensée et l'esprit de l'homme (psychologie, logique). La philosophie se définit étymologiquement comme l'amour de la sagesse, la quête perpétuelle de l'idéal, de l'absolu, la soif implacable de la perfection, de la grandeur, de la puissance, du bonheur infinis, éternels de l'homme. Le philosophe désire ces choses pour lui-même et pour les autres. Ainsi le philosophe est comparable à un **bodhisattva** (bouddhisme). Il cherche l'illumination et le salut de l'humanité (nirvana, moksha). La philosophie veut donc former des bodhisattvas dans le monde qui se trouve dans les ténèbres et l'obscurantisme. L'Europe a eu des **Lumières.** Ces Lumières étaient des penseurs, des philosophes, des hommes de culture et de Lettres: Rousseau, Montesquieu, Diderot, d'Alembert, Pascal, Voltaire, Kant, Hegel. Le but commun de ces derniers était l'amélioration de la condition humaine par l'éducation philosophique qui transforme l'esprit humain.

Ces Lumières cherchaient à créer une humanité, une civilisation et une société meilleures, idéales, parfaites. Ils voulaient l'homme meilleur. Finalement, l'objet ou le but ultime de la philosophie est de créer **l'homme supérieur**. Ce concept nous est très cher. Il est au centre de notre philosophie du développement personnel et sociétal. Le théologien vise à créer Dieu (ou des dieux) sur terre. Il veut transformer les humains en Dieu (ou en dieux). Quant au philosophe, il vise à créer l'homme supérieur. Il veut transformer l'être humain en l'homme supérieur qui est son idéal suprême. Telle est la mission principale et légitime de la philosophie que nous voulons souligner et saluer dans cet ouvrage. **La Philosophie et l'homme supérieur** veut mettre en lumière la relation objective entre la philosophie et l'homme, d'une part, et la relation subjective entre l'individu et ce qui doit être son idéal suprême, l'homme supérieur, d'autre part. L'homme est un agent créateur de pensée. En retour, sa pensée (sa créature) veut le transformer en un idéal sublime, c'est-à-dire l'homme supérieur. C'est la dialectique de l'être humain et de la philosophie. Les humains doivent produire des pensées très, très pures et vivre selon ces pensées. Ils doivent se laisser transformer par leurs grands rêves, leurs utopies. Je pense donc je suis mon récréateur et le récréateur du monde. Ainsi chaque individu peut devenir l'homme supérieur. Il l'est en puissance. Il doit l'actualiser, le manifester dans la réalité, dans sa vie quotidienne. **Ce travail est son combat philosophique personnel.** Cela s'appelle EXISTER, c'est-à-dire se sublimer, se métamorphoser, progresser, se développer. C'est également le travail de chaque société (développement historique, quantitatif et qualitatif).

1

L'axiologie, L'éthique Et L'homme Supérieur

L'axiologie est la partie de la philosophie qui étudie la valeur des valeurs. Elle montre la nature, l'essence de la valeur. Elle montre comment l'homme arrive à attribuer de la valeur à quelqu'un ou à quelque chose. Les disciplines comme la morale, l'éthique, l'esthétique et la théologie défendent les valeurs établies, font leur promotion. Quant à l'axiologie, elle montre ce qui détermine une valeur en général ou les conditions d'application de la valeur. L'axiologie montre également l'effet des valeurs sur la réalité. C'est ce type de travail (la critique des valeurs) que fait Nietzsche sur les idéaux ascétiques, les valeurs morales, religieuses, métaphysiques, psychologiques etc. Il appelle ce travail la généalogie de la morale ou la transvaluation de toutes les valeurs. C'est même une archéologie des valeurs, c'est-à-dire la recherche de la source, de l'origine des valeurs.

Les valeurs nous viennent de la morale (le bien, le mal, le bon, le mauvais), de l'esthétique (le beau, le laid), de la science (le vrai, le faux), de la théologie (la sainteté, le péché, la béatitude, la félicité, la bénédiction, la malédiction). Les valeurs déterminent notre pensée et notre agir. Elles les contrôlent, les orientent, les fondent, les justifient. Elles régulent notre existence, lui donnent sens ou légitimité. La pensée et l'action se veulent valables en suivant les normes, les règles, les lois de la morale, de la logique, de la science, de la théologie, de l'esthétique. Chaque action correspond à une valeur. Chaque pensée exprimée correspond à une valeur. Qu'est-ce que la valeur? La valeur est synonyme de qualité. C'est le jugement favorable ou défavorable porté sur quelqu'un ou quelque chose. La valeur est également la norme et la règle qui gouvernent ou dirigent l'action et la pensée. Pour la sociologie, la valeur est l'appréciation positive énoncée par un groupe par rapport à ses intérêts, à sa morale, à son droit positif, à son esthétique, à sa religion, à ses besoins, à sa vision du monde, à son axiologie, à sa mentalité, à son eudémonisme. Pour la morale, la valeur est la qualité de l'action et de la pensée vertueuses ou le prix de l'action et de la pensée . La valeur est la positivité. C'est l'importance, l'utilité, l'intérêt, l'avantage. Le mot valeur vient du verbe latin valere qui signifie être fort, puissant, vigoureux ou se porter bien. La valeur est un idéal à atteindre. C'est un manque. La valeur de la valeur est qu'elle est irréalisable. La valeur qui est réalisée n'est plus une valeur. C'est un acquis. A l'origine, la valeur renvoie à l'idée de bravoure, de courage physique (valeureux). Puis cela a désigné le mérite ou les qualités.

Toutes ces définitions de la valeur sont utiles et nécessaires pour créer le plus grand et le plus bel idéal ou notre idole. Il s'agit de **l'homme supérieur.** Nous travaillons pour l'avènement de l'homme supérieur dans le monde et dans l'esprit de chaque être humain. A cette fin, nous avons un moyen privilégié. C'est l'axiologie. C'est la racine, la fondation de la philosophie du développement personnel et sociétal et de l'humanisme. Nous pouvons associer l'axiologie au valorisme, au supériorisme, au championisme, au visionnarisme, au volontisme, à l'aristocratisme, à l'héroïsme et à l'imaginationisme. Toutes ces théories forment la philosophie du développement personnel et sociétal qui a pour objet ou but de créer l'homme supérieur (voir notre livre intitulé **La Philosophie du développement personnel**). L'homme se définit par les valeurs et les idéaux. Il est le produit de l'éthique, de la morale, de l'axiologie, de la psychologie, de la sociologie, de la théologie, de l'eudémonisme, de l'esthétique, de la logique, de l'humanisme, de l'ontologie, de l'existentialisme. Pour nous, les philosophes du développement personnel et sociétal, l'homme doit être remplacé par l'homme supérieur. L'homme a été construit avec les valeurs et les attributs inférieurs. L'homme supérieur est à construire avec les valeurs et les attributs supérieurs, c'est-à-dire au **superlatif absolu.** Telle est la différence entre l'homme et l'homme supérieur (différence de degré et non de nature). L'homme doit créer l'homme supérieur qui n'est rien d'autre que son propre dépassement dialectique. L'homme supérieur ne tuera pas l'homme. Il ne commettra pas le paricide. Il conservera l'homme comme son opposé et cherchera à l'améliorer et à le transformer. Il agira comme un enfant qui étant devenu adulte et très puissant (Président de la République par exemple), veut améliorer la condition de vie de son père et de sa mère. Il a dépassé ses géniteurs en puissance et en autorité. Il est comparable au philosophe-roi de Platon qui étant sorti de la caverne ténébreuse (monde sensible) et ayant contemplé le soleil et l'Idée de Bien dans le monde intelligible, revient vers les prisonniers toujours maintenus dans la caverne, l'ignorance, l'obscurantisme, pour les éclairer, les délivrer de leur ignorance, de leur misère intellectuelle. Il devient ainsi leur guide éclairé et leur sauveur. C'est la fonction du sage-roi ou du roi-sage. Tel est le rôle de l'homme supérieur. C'est sa mission dans le monde. Platon appelle cela la dialectique ascendante et descendante. L'homme supérieur est semblable à un bouddha ou au bodhisattva. Son devoir consiste à transformer chacun en être illuminé pour lui faire vivre dans le nirvana (bouddhisme), dans le moksha (hindouisme).

Comment le valorisme peut-il créer l'homme supérieur? Le valorisme est notre théorie des valeurs qui demande à chaque homme de se mettre en valeur, c'est-à-dire de se donner des qualités exceptionnelles ou de mettre ses valeurs en valeur. Cela veut dire que chaque personne a en elle des qualités intrinsèques exceptionnelles, latentes, endormies qu'elle doit réveiller, mettre à son profit et au profit des autres. Il faut éliminer tous ses défauts, tous ses vices et toutes ses faiblesses personnels car on est confronté à la valeur des autres dans une concurrence très rude et impitoyable. Il faut gagner cette compétition. Il faut dominer, remporter la victoire sur soi-même et sur autrui. Il faut être champion du monde. Comment faire? Nous devons travailler sur notre nature, notre caractère, notre tempérament. Les autres n'acceptent pas nos défauts, nos vices. Il nous faut développer notre nature et notre valeur au maximum, accroître nos capacités, notre force, notre puissance à l'infini. Cela nous rapportera le respect et l'estime des autres. **Notre force, notre beauté et notre puissance physiques, intellectuelles, artistiques et morales sont utiles et nécessaires aux autres. Soyons très chers aux autres. Soyons indispensables à tous.** Chacun doit devenir la valeur suprême du monde. Le valorisme fait de chacun une valeur absolue. Connais-toi- même comme tel. Accepte d'être comme tel. Valorise-toi au maximum. Deviens l'homme supérieur. Le bien et la bonté enseignés par la morale et l'éthique nous renvoient à l'homme supérieur. Ce sont les attributs de l'homme supérieur. La beauté enseignée par l'esthétique (art) appartient également à l'homme supérieur tout comme le vrai, l'utile, la justice, la sainteté, le bonheur. Tous ces attributs traduisent la grandeur, la puissance, la force, la vertu. Quant au mal et à la méchanceté, ils appartiennent à **l'homme inférieur.** Ils expriment l'infériorité, l'impuissance, la faiblesse, la folie, le malheur, la laideur, le péché, le nuisible, l'injustice, le faux, le vice, la petitesse, la bassesse.

Le supériorisme comme philosophie de la grandeur, de la supériorité, de la puissance, de la force et de la vertu recommande à chacun de grandir, de s'affirmer roi, héros, champion, dieu. Personne ne te fera grand homme sauf toi-même. Personne ne te rendra heureux sauf toi-même. Tous les moyens permettant de se construire une vie de grand homme sont en chaque individu qui fait partie du grand Tout (nature, société, univers). Il suffit de savoir utiliser les pouvoirs et les forces infinis que constituent ta nature, ton corps, ton cerveau, ton esprit, ton intelligence, ta volonté, ta mémoire, ton imagination, ta conscience, ta raison, ton entendement. Il suffit aussi de savoir utiliser les forces et les pouvoirs des autres et du monde. Tout est à ta disposition, à ton service. Tu es condamné à devenir grand homme. Si tu restes petit, faible, médiocre, indigne, pauvre, paresseux, lâche, irresponsable, tu seras piétiné, écrasé, par les autres. Tu seras malheureux. Tu vas toujours souffrir et disparaître de ce monde qui est une jungle. L'homme est un loup pour l'homme. Mais l'homme supérieur est un dieu pour l'homme. Il te faut choisir d'être l'homme supérieur afin de pouvoir être en paix, en sécurité, heureux. Ton salut et ton bonheur sont dus à ta capacité de te défendre, à ta force, à ta puissance et à ta grandeur. Il te faut donc créer ta puissance, ta force, ta supériorité si tu veux ton bonheur et ton salut. Qui veut la fin veut les moyens. Moyen implique droit, liberté, justice, paix, sécurité, dignité, souveraineté, autonomie, indépendance. Tu es le seul bâtisseur et le seul responsable de ta vie et de ton avenir. Tu dois savoir contourner, dominer, briser tous les obstacles et vaincre toutes les difficultés qui te barrent la route vers le progrès, le bonheur, la gloire, la grandeur, la supériorité. Tu dois écrire ton histoire en lettres d'or, créer ton destin glorieux. L'esclave est responsable de sa condition. Il ne mérite pas la pitié ni la compassion. Il doit assumer sa lâcheté, sa faiblesse, sa misère. Dans ton parcours de champion, tu pourras quelques fois tomber. Mais le plus important est de pouvoir te relever de tes chutes et de continuer courageusement ta vie de combattant ou de champion digne et méritant.

2

L'idéologie, La Politique Et L'homme Supérieur

L'idéologie conduit-elle à l'homme supérieur? Qu'est-ce que l'idéologie? L'idéologie est une pensée qui porte un idéal, qui vise un but pratique. C'est une théorie construite sur un projet de société dans l'intérêt d'un peuple. Par exemple, le communisme, le socialisme, le libéralisme, «l'afrocratisme», le nazisme, l'Apartheid, le consciencisme. L'idéologie transporte une vision ou des valeurs à réaliser au profit d'un groupe. Ces valeurs sont généralement la grandeur, la puissance, la prospérité, la dignité, la sécurité, la paix, le bonheur, la supériorité, la liberté, l'égalité, la fraternité, la richesse, le développement, l'unité, le progrès, la souveraineté, l'indépendance, la justice. Ainsi le nazisme vise la supériorité, la grandeur et la puissance infinies de l'Allemagne hitlérienne. Les systèmes politiques, économiques, sociaux, culturels mondiaux sont les résultats ou les manifestations concrètes de l'idéologie en tant que pensée nationaliste, patriotique. L'idéologie traduit la mentalité et la civilisation d'un peuple. A ce titre, l'idéologie est d'une extrême importance et d'un très grand intérêt populaires. L'esclavagisme et le colonialisme sont des idéologies. L'idéologie est toute théorie qui sert à organiser une société, à réguler un ordre, à diriger, à gouverner un pays. C'est un système d'idées intéressé, ordonné à certaines fins pratiques.

Ainsi la royauté, la république et la démocratie sont apparues dans le monde et visent à améliorer la condition des hommes. Elles cherchent surtout à créer l'homme supérieur. **Le progrès moral et politique signifie la création de l'homme supérieur.** L'État a été créé à cette fin idéaliste comme signe concret du progrès moral et politique (eudémonisme). L'idéologie produit, propose des paradigmes et des valeurs que les peuples réalisent politiquement au mieux de leurs intérêts. Elle déclenche l'action politique révolutionnaire dans le monde. Chaque action politique révolutionnaire justifie, légitime l'idéologie comme pensée transformatrice, créatrice. L'idéologie est à l'action politique ce que la science est à la technique. La technique confirme la validité des lois scientifiques. Toute philosophie appliquée à l'action politique est une idéologie. Et elle permet le changement d'un ordre socio-politique. C'est le cas de la philosophie marxienne et léninienne . C'est le cas également des philosophies appelées les Lumières en Europe, notamment les pensées des auteurs comme Rousseau, Montesquieu, Diderot, Voltaire, Kant, Pascal, D'Alembert.

La pensée engendre l'action et l'action corrige, vérifie, ennoblit la pensée (idéologie, philosophie, science). Il y a donc un rapport dialectique ou d'interdépendance entre la pensée et l'action. Cette relation dialectique permet la création de l'homme supérieur. C'est en faveur de l'humanisme. C'est ainsi que la philosophie du développement personnel et sociétal devient en quelque sorte une idéologie transformatrice, créatrice avec ses théories comme valorisme, supériorisme, championisme, visionnarisme, imaginationisme, volontisme. La création de l'homme supérieur est, en réalité, une affaire éminemment politique, c'est-à-dire publique. Car cela touche l'État, le système socio-politique. C'est une affaire qui intéresse l'éducation nationale ou publique, la formation de tous les citoyens d'un pays. C'est un devoir régalien pour tous les gouvernements du monde entier. Ces derniers ont en charge la création des élites, des hommes meilleurs et l'homme supérieur (génies, champions, héros, sages, étoiles). C'est leur tâche primordiale et patriotique. La vie, le bonheur et les besoins de leurs pays l'exigent d'eux. C'est la condition sine qua non du progrès, du développement qualitatif et quantitatif, du salut, du bonheur. Tout pays a besoin de puissance, de grandeur, de rayonnement. Et cela repose sur le plein épanouissement, le plein accomplissement et la pleine illumination de ses citoyens. Un pays a le devoir de former des citoyens excellents, très compétents, très méritants dans tous les domaines. C'est pourquoi nous recommandons l'aristocratie comme forme de gouvernement la plus bénéfique et la plus productive. Seule l'aristocratie qui est synonyme de méritocratie pourra élever tous les habitants de la terre au plus haut niveau de la connaissance et de la vertu. Elle seule pourra réaliser le gigantisme partout et faire briller au maximum l'étoile de tous et de chacun.

L'aristocratie pourra créer des hommes de valeur exceptionnelle comme ceux que la philosophie du développement personnel et sociétal veut former dans le monde entier à travers le supériorisme, le valorisme, le visionnarisme, le championisme. Il s'agit des génies, des étoiles, des héros, des sages, des champions. Nietzsche appelle notre idéal d'homme le surhomme. Hegel l'appelle esprit absolu. Platon le nomme philosophe-roi ou dialecticien. Les théologiens le nomment Dieu. Chaque individu qui instruit les autres, qui enseigne la vertu (moraliste, moralisateur), la vérité (scientifique), la sagesse (philosophe), les lois du progrès, du bonheur, du salut au monde (humaniste) contribue à la création de l'homme supérieur sur terre. En effet, l'homme supérieur est construit par le travail du moraliste, du philosophe, du religieux, du scientifique, de l'axiologue, de l'esthéticien. Les attributs de l'homme supérieur sont la vérité, la bonté, la justice, la puissance, la force, la grandeur, l'héroïsme, la bravoure, la beauté, la sagesse, le courage, l'endurance, la génialité, la supériorité, la vertu, la sainteté. Ces qualités sont exprimées par les sachants, les artistes, les techniciens inventeurs, créateurs, les théologiens, les agents moraux, les sportifs, les soldats, les hommes d'action. Ce sont des états d'esprit qui constituent le caractère idéal de chacun. C'est le fondement de toutes les victoires, de la prospérité, du développement de l'histoire et de la civilisation.

3

L'existence, Les Valeurs Et L'homme Supérieur

La philosophie du développement personnel et sociétal reconstitue l'histoire de l'humanité en dégageant la loi de l'évolution et du progrès de l'individu. Au départ, se trouve le néant, c'est-à-dire l'absence d'homme et de valeur. Puis l'individu humain est arrivé dans le monde. Il a comblé ainsi le vide initial qui n'est rien d'autre que l'absence d'essence ou le manque de valeurs constitutives de l'être humain. L'individu construit et entretient sa vie. Il est toujours en action. Il est actif, dynamique. Son activité est créatrice, génératrice de valeurs. Il pose des actes donc il est libre. Il n'est pas déterminé. Il jouit du libre arbitre. Ainsi il est pleinement responsable de ses actes et demeure le maître absolu de lui-même. Il est l'artisan exclusif de son destin. Il est son propre Dieu. Il est omnipotent et créateur. Il choisit ses actes, se donne une essence et des valeurs. Il crée sa nature et sa vie. Il est doté de raison, de volonté, de conscience, d'imagination, d'intelligence. Son avenir lui appartient totalement. Il devient à tout moment ce qu'il choisit d'être. Il détermine lui-même son essence. Il n'est rien d'autre que ce qu'il se fait. Il est le résultat de ses actions et de son projet d'être. Il est responsable de ce qu'il est. L'esclave et son maître sont également responsables de leurs conditions et de leurs statuts. L'un a choisi d'être esclave et l'autre a choisi d'être maître. Chacun d'eux assume son statut et joue son rôle. Chaque individu est responsable de tous les autres. Son choix et ses actions conditionnent et impactent tous les autres hommes. Ainsi il est condamné à faire uniquement le bien et jamais le mal. Il doit être un agent moral parfait, un saint, un sage. Il doit pratiquer la vertu morale à tout moment et être intellectuellement parfait. Il détient tous les pouvoirs lui permettant de s'améliorer lui-même et d'améliorer les autres. L'être humain doit aspirer à la perfection générale, absolue, illimitée. Il doit se vouloir la valeur suprême. La nature lui a offert la vie. Il n'a rien fait pour la mériter. C'est un don, un cadeau. Mais quant à l'existence, elle se construit personnellement selon la compétence, la puissance, la force, la sagesse de chacun.

La vie est une faveur naturelle et l'existence est un mérite personnel. Elle s'arrache de haute lutte. C'est le combat quotidien personnel d'amélioration et d'embellissement de la vie. Ce combat consiste à enrichir, à développer sa vie et à transformer sa condition première, animale, misérable, en paradis, en puissance absolue. L'existence est le résultat d'un travail héroïque. Elle consiste à se transformer successivement en homme simple puis en homme meilleur et, enfin, en l'homme supérieur. Comment peut-on passer de la vie à l'existence? La philosophie du développement personnel et sociétal répond à cette question. C'est sa raison d'être. C'est son devoir régalien. En effet, elle exige que chaque individu se libère, se prenne lui-même en charge et se reconstruise lui-même comme force, puissance et autorité suprêmes. Son idéal majeur ou son but suprême est de créer l'homme supérieur, de le faire exister en chaque être humain et dans l'histoire. D'où l'intitulé complet: philosophie du développement personnel et sociétal. Cette philosophie prend en compte ou s'approprie les enseignements de l'ontologie, de l'existentialisme sartrien et nietzschéen, de l'humanisme philosophique, de l'axiologie, de la morale, de l'éthique, de l'esthétique, de l'eudémonisme. L'homme supérieur qu'elle veut créer sera le produit ou le résultat de la totalité de la philosophie existante. Il sera l'aboutissement ou la fin ultime de la pensée créatrice, humanisatrice, civilisatrice, axiologique. C'est pourquoi elle emploie des concepts régulateurs et des théories comme valorisme, supériorisme, visionnarisme, volontisme, imaginationisme, championisme, génialité, élitisme, aristocratisme, auto-construction, héroïsme, responsabilité prospective, conscience perspectiviste (voir notre ouvrage intitulé **La Philosophie du développement personnel et sociétal**).

La situation catastrophique actuelle du monde exige que chaque individu change de mentalité et qu'il se transforme en son contraire pour le bonheur et le salut de tous. Nous faisons allusion au mondialisme, au covidisme, au vaccinisme, au transhumanisme, à l'eugénisme des francs-maçons, des oligarques et des ploutocrates capitalistes qui ravagent le monde entier (génocide planétaire, «vaccins» stérilisants et mortifères obligatoires, passeports vaccinaux obligatoires, thérapie génique obligatoire). Chacun est invité à devenir l'homme supérieur que présentent et décrivent le supériorisme, le valorisme, le volontisme, le championisme, le visionnarisme, l'imaginationisme etc. Qui est l'homme supérieur? L'homme supérieur est une projection ou une construction de l'imagination créatrice individuelle. Chacun doit lui donner les meilleurs attributs possibles qui feront de lui la valeur absolue. L'homme supérieur est la somme de toutes les valeurs positives proposées par l'axiologie, la morale, l'éthique, l'esthétique, l'eudémonisme, l'existentialisme et l'humanisme. Il est le produit accompli du valorisme, du supériorisme, du championisme, de l'aristocratisme. Une société méritocratique peut favoriser son avènement dans le monde. En effet, il est constitué par les valeurs positives comme la grandeur, la puissance, la perfection sans limite, la génialité, l'héroïsme, la beauté, la bonté, la tolérance, le pacificisme, la liberté, la souveraineté, la transcendance. La théologie le nomme Dieu, l'être omnipotent, omniscient, omniprésent qui transcende toutes les dualités et toutes les contradictions antagoniques de ce monde. Nietzsche le nomme surhomme. L'homme supérieur est la plus belle et la plus grande création de l'imagination humaine. Toute l'humanité est à sa recherche à travers la totalité des productions humaines comme science, philosophie, théologie, technologie, art, morale, droit positif, politique, économie, culture etc. Tout être humain qui cherche le vrai, le beau, le juste, le bien, l'utile, la vertu etc. est un créateur et un dévot de l'homme supérieur. Il adore ainsi notre idole ou divinité. Tout le monde le célèbre, le magnifie et le glorifie sans cesse, volontairement ou involontairement, consciemment ou inconsciemment. Tout le monde ressent vivement son utilité, son importance, sa nécessité dans la vie quotidienne. Il est aimé de tous. Il n'a pas d'ennemi. Il est loué et imité par tous. Ses propriétés ou qualités essentielles sont enseignées à tout le monde et partout: à l'école, en famille, dans les lieux de travail, dans la rue, dans les églises, les mosquées, les temples, les tribunaux, l'armée, en politique, en économie. L'homme supérieur domine toutes les institutions humaines, nationales et internationales. Il est invisible mais omniprésent et omnipotent. Il nous hante. Nous sommes tous ses dévots éternels. Il est toujours présent dans notre esprit, notre imaginaire et nous possède. Nous sommes obsédés par lui. Nous vivons et faisons tout en son nom glorieux. Nous l'invitons et le sollicitons partout. Il est notre guide éclairé, notre boussole, notre directeur de conscience. Notre conscience morale, politique, historique et transcendantale sont les manifestations concrètes de sa vitalité, de son dynamisme et de sa réalité. Dès lors personne ne peut sousestimer la valeur de l'homme supérieur dans la vie humaine et dans l'histoire. L'homme supérieur est universel, naturel, cosmique. Il s'impose à tous les êtres. Tu l'acceptes, tu fais sa volonté, tu respectes ses principes, ses lois ou tu disparais de ce monde. Il est le maître ou l'autorité suprême de la vie, de la société et du monde. Il est à la base de la civilisation, de l'histoire et des réalités humaines. Il est plus vrai que la vérité, plus juste que la justice, plus saint que la sainteté, plus réel que la réalité, plus fidèle que la fidélité, plus vertueux que la vertu, plus utile que l'utilité, plus beau que la beauté, plus certain que la certitude, plus civilisé que la civilisation, plus puissant que la puissance, plus grand que la grandeur, plus fort que la force. Il est la mesure de toute chose. C'est lui qui donne sens et valeur à tous les êtres. Il est l'étalon de mesure de l'humanité.

4

Le Matérialisme, L'idéalisme, Le Spiritualisme Et L'homme Supérieur

Ces théories peuvent-elles engendrer l'homme supérieur? Le matérialisme philosophique est la théorie qui affirme que tout est de la matière, y compris l'esprit humain (monisme matérialiste). L'idéalisme philosophique réduit tout à l'idée, y compris l'homme (monisme de l'Evèque George Berkeley). Quant au spiritualisme, c'est un courant philosophique qui affirme la supériorité ontologique de l'esprit sur la matière. La philosophie est anthropocentrique. Elle définit tout ce qui existe par rapport à l'homme. Elle fonctionne selon les besoins et les valeurs de l'homme. Elle travaille pour la grandeur, la puissance et le bonheur de l'homme. Elle cherche à conduire les gens vers l'homme supérieur. Ainsi elle met l'homme au-dessus de tous les êtres. Elle lui donne les attributs supérieurs. Elle lui confère la dignité, la force, la puissance, la grandeur et la beauté absolues. Toutes les sciences, tous les savoirs, toutes les branches philosophiques célèbrent l'homme, établissent la supériorité de ce dernier. En effet, c'est l'homme qui les a créés. Il les a inventés pour son intérêt, pour établir sa domination sur tous les êtres et toutes les choses. Ce sont ses moyens, ses instruments hégémoniques. Cela lui permet d'agir, de régner, de diriger et de contrôler le monde.

Ainsi René Descartes a affirmé, avec raison, que la science rendrait l'homme comme maître et possesseur de la nature. Protagoras a dit que l'homme est la mesure de toute chose. L'homme s'est fait roi, maître, Dieu. Il s'est donné la suprématie absolue sur tous les êtres. Tous les humains font le culte de l'homme. Ils font le triomphalisme humaniste et l'anthropomorphisme en projetant leurs valeurs sur les autres êtres et les choses. Ainsi l'idée de Dieu, l'idée d'Ange, l'idée de satan, l'idée de démon etc. Les cosmogonies, les légendes, les mythes, les superstitions, l'axiologie, l'esthétique, la morale, l'éthique, la théologie, l'existentialisme et l'humanisme sont les lieux qui célèbrent, glorifient le plus l'homme. Leur but suprême commun est de créer l'homme supérieur, d'améliorer l'image et la condition de l'homme dans le monde. Ils permettent de valoriser et de supérioriser l'homme au maximum. Ils donnent des lauriers et des trophées inestimables à l'homme. Ils idéalisent l'homme. Ils transforment l'homme en idole, en objet d'adoration, de culte.

Dans la conscience, le subconscient et l'Inconscient de l'individu, il y a quelque chose de fondamental. **C'est l'homme supérieur.** Celui-ci a reçu des attributs et des noms divers et multiples dans l'histoire, les cultures et les civilisations. L'homme supérieur constitue la hantise et la boussole de l'humanité. Il est l'objet d'adoration universel. Il existe dans le langage, les comportements, les attitudes, les rêves et les projets de chaque individu et de chaque peuple. Aucun être humain et aucun peuple ne peuvent l'ignorer ni le négliger car il constitue l'âme individuelle et collective. Il reçoit différentes appelations des gens selon les circonstances, les moments, les lieux, les situations, les cultures: esprit, âme, dieu, ange, génie, héros, champion, élite, étoile, sage, bouddha, bodhisattva, krisna, Ishvara, mahatma, yogi, saint esprit, prophète, athena, zeus, allah, nyamien, lago, yekin…Il est parfois qualifié d'être transcendant ou immanent. Peu importe les qualificatifs infinis qui lui sont affublés. Il supporte tout. Rien ne peut le dénaturer, l'affaiblir, le rapetisser, l'aliéner ni l'empêcher d'exister, d'influencer, de gouverner la terre, chaque personne et l'humanité. Il demeure absolument le repère de tous et la source de vie. C'est à lui que nous recourons tous pour trouver des solutions à nos problèmes humains et existentiels. Il inspire toutes nos actions politiques, économiques, sociales, culturelles, religieuses. Il est présent dans nos yeux, nos narines, nos oreilles, notre bouche, notre peau, notre cerveau. Il est à la source de nos choix, de nos volitions, de nos raisonnements. En tant qu'il est le fondement de notre connaissance, il nous définit les notions de bien, de mal, de vrai, de faux, de beau, de laid, d'utile, d'agréable, de nuisible. Il nous aide à créer les moyens adéquats de notre sécurité, de notre santé, de notre formation intellectuelle, civique, spirituelle, de notre prospérité économique, de notre liberté, de notre dignité, de notre grandeur, de notre puissance, de notre supériorité, de notre autorité. Il nous a connectés au grand Tout qui est la source de la puissance et de la grandeur infinies.

Ainsi notre force et notre puissance sont inépuisables. Nous sommes donc invincibles. Blaise Pascal a dit, à juste titre, que l'homme est un roseau pensant. Roseau signifie ici la faiblesse et la fragilité de notre corps physique. Pensant signifie notre force et notre puissance qui font notre dignité, notre grandeur, notre supériorité, notre liberté, notre valeur absolue. Grâce à cela, l'homme est le plus méritant de tous les êtres. En effet, l'homme bénéficie des facultés psychologiques supérieures qui forment sa nature: raison, volonté, imagination, conscience, mémoire, intelligence etc. qui l'opposent à l'animal et aux choses. C'est l'utilisation correcte de ces facultés qui lui assurent le triomphe dans le monde. L'homme supérieur est la résultante dynamique de toutes ces facultés mises en application dans la vie de l'homme. L'humanisme doit créer l'homme supérieur. Il doit atteindre son but ultime, glorieux, salutaire. L'existentialisme doit faire ce même travail. La morale, l'éthique, l'axiologie, l'esthétique et l'eudémonisme sont dans cette même course. Ils doivent atteindre leur but commun. Les philosophes doivent redoubler d'effort, d'imagination, d'intelligence, de courage, d'endurance, d'audace, de témérité, de combativité, de volontarisme. Les théologiens doivent changer de perspective et de méthode. Ils doivent se transformer en philosophes humanistes et existentialistes (Nietzsche, Sartre). Ils doivent abandonner leur voie obscurantiste, dogmatique, superstitieuse basée sur le mensonge, la mauvaise foi, le nihilisme, les préjugés, les croyances ridicules, stupides et infantilisants. Ils font le contraire du travail à faire et de leur devoir car ils affaiblissent, rapetissent, dévalorisent, méprisent et condamnent l'homme à l'infériorité, à la décadence mortelle. Ils pervertissent le coup d'oeil appréciateur des hommes, déshumanisent ces derniers. Ils détournent l'homme de son chemin glorieux et salutaire et le dirigent vers le néant, le vide. Ils doivent quitter le ciel, les nuages pour venir renforcer le rang des philosophes athées et des aristocrates existentialistes. Telle est la solution du problème ontologique, axiologique, eudémoniste, humaniste, éthique, moral et esthétique. La solidarité et l'union d'action de tous les penseurs sont nécessaires à la création de l'homme supérieur et à la renaissance générale.

5

Scepticisme, Dogmatisme, Empirisme, Rationalisme, Homme Supérieur

La philosophie de la connaissance conduit-elle à l'homme supérieur? Le scepticisme est une philosophie qui nie la possibilité de connaître la vérité à l'homme. Il affirme que l'esprit humain est incapable de connaître la vérité. Il est pessimiste à l'égard de l'homme et de ses capacités cognitives. Cela signifie que le scepticisme nie l'homme et l'homme supérieur. La philosophie opposée au scepticisme est le dogmatisme. Cette philosophie soutient que l'esprit de l'homme peut connaître la vérité. Le dogmatisme est donc une philosophie optimiste envers l'homme. Il a foi en l'homme. Il le fait exister. La conséquence tragique du scepticisme consiste à nier l'humanité qui réside principalement dans la capacité de connaître la vérité. En effet, la vérité est un attribut majeur de l'homme. C'est une propriété qui fait partie de la définition de l'homme comme être supérieur. C'est une propriété essentielle de l'homme supérieur qui nous est si cher.

Je pense donc je connais la vérité. Je connais la vérité donc j'ai l'idée d'homme supérieur en moi. Ainsi je contribue à créer l'homme supérieur, à le faire exister. L'homme (surtout l'homme supérieur) doit son existence, sa supériorité, sa grandeur, sa dignité à sa capacité de connaître la vérité. Cela l'oppose à la bête et aux choses. C'est son atout majeur et le plus glorieux. Ainsi le dogmatisme ennoblit, enrichit l'homme tandis que le scepticisme le rabaisse, l'humilie, lui ôte l'existence. Le scepticisme est une philosophie macabre, funeste. Il conduit l'homme à l'infériorité, à la faiblesse, à l'impuissance. Ce n'est donc pas un outil utile pour les philosophes de l'existence, des valeurs, de l'élitisme, de l'héroïsme, du championisme, de la génialité, de la grandeur, de la puissance. Le valorisme, le supériorisme, l'imaginationisme, le visionnarisme, le volontisme et l'aristocratisme le recusent.

Que dire de l'empirisme et du rationalisme? Contrairement au scepticisme, que nous condamnons, l'empirisme et le rationalisme font exister l'homme et l'honorent. Ces deux philosophies de la connaissance donnent la chance à l'homme supérieur de naître et d'exister pour sauver l'humanité de la faiblesse, de l'impuissance, de la petitesse et de l'irresponsabilité. Elles sont optimistes à l'égard de l'homme. Elles n'infériorisent pas et n'infantilisent pas l'homme. Elles ne réduisent pas l'homme aux choses ni au néant. Elles définissent les moyens qui permettent à l'homme de connaître la vérité. Pour l'empirisme, l'homme connaît la vérité grâce à l'activité de ses sens. Pour le rationalisme, c'est par sa raison que l'homme connaît la vérité. La vérité est que ces deux philosophies ont raison. En effet, la connaissance vraie, efficace, dérive à la fois de l'expérience sensible et de la théorie. «Les intuitions sans concepts sont aveugles et les concepts sans intuition sont vides», a dit Kant. En effet, on ne peut pas séparer la raison des sens dans l'activité de connaissance. Il faut absolument associer les deux pour obtenir la véritable connaissance (de type scientifique). Une connaissance purement empirique, c'est-à-dire reposant sur notre seule expérience sensible n'est pas valable. La sensation n'est pas une bonne connaissance . Elle est floue. Et une connaissance purement rationnelle, c'est-à-dire dépendant du seul calcul abstrait, n'est pas non plus valable. C'est de la métaphysique. Elle n'est pas féconde. Tel est le résultat de l'investigation épistémologique de Kant (**Critique de la Raison pure**). La science est du rationalisme appliqué. C'est de l'empirisme associé au rationalisme, c'est-à-dire des idées (concepts) appliquées à la réalité dans un mouvement de vérification (théorie expérimentée). La science part du rêve et aboutit à la réalité concrète. Ainsi on obtient la connaissance authentique, expérimentale, efficace, qui est différente de la sensation et de la spéculation métaphysique, théologique. La science étudie les phénomènes naturels et la métaphysique étudie les noumènes (choses inconnaissables).

La connaissance globale (scientifique et métaphysique) est le propre de l'homme. L'animal n'y a point accès. Cela met l'homme en valeur, sur le trône royal. C'est par la connaissance que l'homme se crée et crée l'homme supérieur. La connaissance est la condition sine qua non de l'existence de l'homme et de l'homme supérieur. Qu'est-ce que l'homme ? C'est un concept, une idée générale et abstraite. L'homme n'est pas un individu, comme réalité concrète particulière. Ce n'est pas une donnée sensorielle, empirique. C'est une créature métaphysique qui a une compréhension et une extension. Sa compréhension est l'ensemble de ses propriétés essentielles tels que la raison, l'intelligence, la parole ou langage articulé, la pensée, la conscience, la mémoire, l'entendement, l'imagination créatrice. Son extension est l'ensemble des êtres réels, concrets ou individus auxquels s'appliquent les propriétés essentielles énoncées. Tout individu qui possède ces qualités est dans la catégorie des êtres humains. L'homme est une catégorie d'êtres ou d'individus . C'est un terme générique, collectif. L'homme désigne un groupe, un ensemble d'êtres. Il est obtenu par abstraction et généralisation des propriétés essentielles, définitionnelles des êtres en vue de la connaissance intellectuelle, rationnelle. L'homme existe sous la modalité d'idéal, de modèle, d'archétype. L'homme supérieur est infiniment plus abstrait que l'homme. Il est la purification absolue ou la sublimation de l'homme. Il est très restrictif, très limitatif. Il réduit le concept d'homme en un idéal extrêmement élevé à telle enseigne qu'il ne puisse jamais se réaliser matériellement, anthropologiquement dans l'histoire et dans le monde. L'homme supérieur est uniquement accessible par l'intelligence et par la raison. C'est un noumène (Kant). Ainsi la relation entre l'homme et l'homme supérieur est une relation vérticale et non une relation horizontale. C'est un rapport de supérieur à inférieur, de dominateur à dominé, de grandeur à petitesse, de beauté à laideur, de puissance à impuissance, de force à faiblesse. Mais l'homme doit lutter jusqu'à devenir l'homme supérieur. Son but consiste à se purifier, à se surpasser, à transcender ses faiblesses, ses défauts, sa petitesse, son impuissance. Sa fin suprême est la supériorité, son passage au rang de l'homme supérieur. Telle est sa destination finale. L'homme est un voyageur qui souffre, qui peine beaucoup sans être sûr d'arriver à sa destination. Il tente de sortir d'un tunnel sans fin. Il est épuisé, miséreux, désespéré et cherche un secours extérieur pour être sauvé. Il est entre la vie et la mort. Il crie au secours sans être entendu. Qui pourra le sauver de là? Personne. Sauf lui-même. Telle est sa responsabilité prospective.

6

Le Pragmatisme, L'utilitarisme, Le Nihilisme Et L'homme Supérieur

Le pragmatisme, l'utilitarisme et le nihilisme favorisent-ils la création de l'homme supérieur? Ces doctrines sont chargées de valeurs positives. L'homme comme phénomène historique est issu de la réalisation de ces valeurs. Il est porteur de connaissances rationnelles, conceptuelles et de moralité. Il est la manifestation concrète dans l'histoire de l'axiologie, de la morale, de l'éthique, de l'esthétique, de l'eudémonisme, de l'humanisme. L'homme est né de ces choses qu'il manipule sans cesse pour sa propre renaissance, son progrès et son perfectionnement sans fin. Ainsi l'homme n'est pas véritablement mais il est en devenir permanent. Il veut occuper tous les espaces axiologiques, métaphysiques, ontologiques. L'idéalisme et le progressisme continuent l'action créatrice et visent à produire une entité nouvelle qui est dénommée l'homme supérieur. Cela est à la fois le prolongement, la négation et le dépassement de l'homme historique, agent de la connaissance, de la morale, de l'éthique, de l'esthétique. L'homme recherche l'homme supérieur, c'est-à-dire un symbole meilleur, une figure idéale, parfaite. Il a inventé la science, la philosophie, la technologie, la politique, l'économie, la religion, l'art pour se sublimer, pour pouvoir atteindre ce but qui représente son rêve suprême, sa fin sublime. Tous ses produits ou valeurs constituant la civilisation ne servent qu'à cette fin. Cet idéal suprême entretient sa vie, l'aide à progresser, à s'améliorer, à se métamorphoser, à acquérir des valeurs. Cela lui permet de grandir, d'être plus beau, plus fort, plus puissant, plus heureux, plus vertueux et plus sage. En effet, l'homme recherche la transcendance ou une nature divine, c'est-à-dire l'omnipotence, l'omniscience, l'omniprésence. Il recherche sa propre sublimation, son avatar, son étalon de mesure ou un modèle qui pourront l'aider à percer le toit des valeurs. Car il est atteint de mégalomanie mortelle, de folie de grandeur, de puissance et de beauté incurables. Ainsi l'homme est un grand problème pour l'homme. L'homme ne se plaît pas dans la peau de l'homme. Il veut changer son statut, sa condition et son histoire. Il veut quitter la petitesse, la faiblesse, la laideur, la misère, la pauvreté. Il cherche à créer une version améliorée de lui-même. Les moyens utilisés à cette fin sont la philosophie, la science, la théologie, la technologie, l'art, l'axiologie, l'eudémonisme, la morale, l'éthique. Cette version améliorée de l'homme se nomme l'homme supérieur dans la philosophie du développement personnel et sociétal. Elle s'appelle Dieu dans la théologie. Nietzsche l'appelle surhomme dans son système pragmatique et vitaliste. Le surhomme transfigure l'existence, transvalue toutes les valeurs en cours dans le monde. Il veut amener l'homme à accepter son destin tragique, à dire oui à la vie, à mépriser le bonheur, la raison, la vertu. La philosophie du développement personnel et sociétal corrige la philosophie surhumaniste de Nietzsche en transformant le surhomme en l'homme supérieur. Notre héros ou idéal suprême à nous est décrit dans nos théories ou écoles de pensée intitulées supériorisme, valorisme, visionnarisme, volontisme, imaginationisme, championisme. Notre héros n'est pas le surhomme ni le Dieu des théologiens. Il dépasse le surhomme et Dieu. Il est, à certains égards, leur contraire. Le théologien a installé son héros, Dieu, dans le ciel. Il l'a séparé des hommes. A partir du ciel, Dieu manipule les hommes, leur ôte la liberté, l'autonomie, l'indépendance, la souveraineté, la dignité, la puissance, la force.

Il les infériorise, les infantilise, les affaiblit, les rapetisse. Dieu est dominateur, oppresseur, dictateur. Il contrôle et gère la vie quotidienne de tous les humains. Il force , contraint ces derniers à l'aimer et à l'adorer. Les humains sont esclavagisés, résignés et impuissants. Dieu les a transformés en moutons trop bêtes, trop dociles et obséquieux. Ce sont des aliénés et des renonçants. Dieu se fait représenter dans le monde réel par des bergers véreux, délinquants, criminels qui agissent en lions parmi un troupeau de moutons (pasteurs, prêtres, gurus, prophètes etc.).

L'homme supérieur combat ce Dieu qui est le mal absolu et ses représentants ignobles, odieux. Dieu et ses représentants ont totalement aliéné et perverti les hommes. Ils les ont rendus lâches, peureux, faibles, irresponsables, aveugles, sourds, vauriens, inutiles, mendiants, fainéants, nihilistes. Il faut donc détrôner Dieu comme l'a fait Nietzsche. «Dieu est mort». Dieu a mérité sa mort. Désormais, l'homme supérieur occupe son trône . Contrairement à Dieu, qui est le plus grand dictateur de tous les temps, qui exerçait un pouvoir totalitaire, absolu, sur les hommes à partir des nuages, du ciel, l'homme supérieur, quant à lui, est chacun de nous, chaque individu présent dans le monde réel. La philosophie du développement personnel et sociétal veut faire de celui-ci le plus grand roi et un homme libre, autonome, souverain, indépendant. Nous voulons déchaîner chaque individu, le réhabiliter, le délivrer de toutes les servitudes terrestres, politiques, économiques, sociales, culturelles, morales, intellectuelles, religieuses, spirituelles. Nous voulons mettre fin à son aliénation multiforme, infinie et à son calvaire dans le monde. Nous voulons restaurer sa valeur, sa dignité, sa grandeur, sa puissance et lui restituer tous ses droits naturels aliénés, spoliés, volés par la théologie au profit de son Dieu. Dieu étant mort, l'homme doit être absolument libre et sauvé de sa misère, de sa souffrance, de sa douleur, de tous ses malheurs. L'homme est désormais mature, adulte et doit se prendre lui-même en charge. Il n'a plus besoin d'autorité transcendante, omnipotente, omniprésente, omnisciente. Nous transférons toutes ces qualités à l'homme, à chaque individu. L'homme supérieur n'est personne d'autre que chaque personne et tous les hommes auxquels nous adressons cet enseignement libérateur, révolutionnaire et progressiste. Pour nous, la philosophie (la pensée en général) doit jouer ce rôle libérateur, aider les gens à s'auto-reconstruire, à s'auto-développer, à s'auto-valoriser et à s'auto-supérioriser ou bien elle ne vaut rien. La philosophie doit être utile. C'est une pensée utilitaire et pragmatique.

7

Réalisme, Athéisme, Scepticisme Et L'homme Supérieur

La philosophie du développement personnel a identifié les ennemis et les dangers qui menacent l'existence humaine. Elle lutte férocement contre eux. Elle est sans pitié pour l'illusion, l'erreur, la superstition, les préjugés religieux, métaphysiques, moraux, axiologiques. Elle les dénonce vigoureusement au nom du bonheur et du salut des êtres humains. Elle agit pour l'avènement et le triomphe de l'homme supérieur qui est son idéal ou son idole préféré. Ainsi elle juge de manière très critique tous les éléments de la civilisation tels que la science, la philosophie, la morale, la religion, la technique, l'axiologie, l'art, la politique, l'économie etc. Elle condamne tous les dangers, tous les malheurs et tous les maux qui proviennent de ces lieux. Elle appelle les hommes à la vigilance, à la prudendence, à la sagesse, au réalisme, à l'athéisme, au scepticisme cartésien. En effet, ces attitudes et ces comportements constituent le chemin du bonheur et du salut de l'humanité. Nietzsche, qui est un penseur de l'existence, de la vie, de la puissance, a déclaré la mort de Dieu à notre faveur. Il a ainsi proclamé le culte du surhomme et de Dionysos. C'est son légitime choix et son grand mérite. Nous lui emboîtons le pas ici. Nous continuerons inlassablement le même combat de l'existence, de la liberté, de la puissance, de la dignité, de la grandeur et de la supériorité des hommes. Nous voulons élever tous les hommes à la dignité supérieure et au rang de l'homme supérieur, notre idole à nous, qui transcende Dieu et le surhomme. C'est pourquoi nous sommes réalistes, athées, sceptiques envers le monde, la vie, l'homme et toutes les valeurs en cours sur la terre. C'est notre mission et notre devoir régaliens. C'est une question de vie et de mort pour l'humanité au regard de tout ce qui se passe présentement dans le monde entier. Le constat est clair. Les humains sont des loups pour les humains. Politiciens, scientifiques, techniciens, théologiens, moralistes, juristes, axiologues, philosophes et autres sont tous des loups pour l'homme. Eux tous sont impliqués dans un complot mondial contre la vie, le bonheur et le salut de l'humanité. Ils nous imposent tyranniquement un ordre satanique, génocidaire, une civilisation du suicide collectif au profit des francs-maçons, des oligarques et des ploutocrates capitalistes. Ils veulent le chaos universel ou l'apocalypse qui fera le bonheur des seuls francs-maçons et illuminati. Ainsi le langage qui est présentement à la mode dans le monde entier est Le Nouvel Ordre Mondial ou la Nouvelle Normalité . C'est un ordre des satanistes, des mafieux, des cabalistes qui veulent contrôler, dominer et exploiter tout l'univers à leurs profits égoïstes, cyniques. Tous les gouvernements, toutes les institutions et tous les hommes sont soumis à cet ordre criminel, diabolique. Les uns sont corrompus, complices actifs ou passifs, les autres sont ignorants, naïfs, imbéciles, inconscients, irresponsables, des bénis oui, oui (moutons de Panurges). Ils sont à la merci d'une machine politique, économique, administrastive, officielle, répressive, broyeuse et infernale utilisant le chantage, la menace, l'arbitraire, l'injustice, la dictature.

Cette machine utilise les mensonges, l'intoxication, le lavage de cerveau, la propagande cynique, l'idéologie de domination, d'abrutissement, d'infantilisation, d'imbécilisation, l'eugénisme, le transhumanisme. Cette grosse machine maléfique fonctionnne pour atteindre des buts précis fixés par les oligarques et les ploutocrates capitalistes qui se sont rendus maîtres du monde aux détriments de l'humanité et de la civilisation. Les buts à atteindre sont nombreux: la réduction drastique, arbitraire, de la population de la terre, par la stérilisation, l'assassinat des gens grâce à des thérapies géniques obligatoires, la mise en place sur la terre d'un seul gouvernement mondial tyrannique et ploutocratique. C'est ce gouvenement mondial qui va gérer, exploiter tous les biens et toutes les richesses de la terre en faveur des oligarques, des ploutocrates capitalistes. Afin de faciliter tout ce travail, les mondialistes francs-maçons ont créé la méthode cynique et machiavélique de covid-19 dans le monde entier. Cela leur permet d'imposer à tous le fallacieux prétexte ou mensonge grotesque de pandémie qui ravagerait toute l'humanité de façon éternelle. Cela impose une peur panique dans l'esprit de tous nécessitant une thérapie génique, l'eugénique et le transhumanisme qui vont créer des robots, des zombies partout. Cette course folle pour le contrôle de l'humanité et du monde nécessite également des épandages des produits très toxiques dans l'atmosphère. Il faut lire, pour s'en convaincre, plusieurs ouvrages: Claire Céverac, **La Guerre secrète contre les peuples,** Jacques Attali, **L'avenir de la vie,** Thomas Robert Malthus, **Essai sur le principe de population,** Klaus Schwab, **Le Grand Reset.**

Face à ces contradictions mortelles, antagoniques, de notre monde actuel, force est de reconnaître qu'une nouvelle pensée humaniste, eudémoniste, axiologique, existentialiste, vitaliste, pragmatique et utilitaire s'impose à l'humanité comme une nécessité urgente. C'est ce travail que nous faisons ici avec notre pensée de l'homme supérieur ou de l'homme nouveau. L'humanité est à la croisée des chemins. Elle est au creu de la vague. La philosophie de l'homme supérieur est opportune et de mise. Elle est nécessaire . Elle répond entièrement au besoin crucial des hommes, à la problématique de l'existence, de la civilisation, de l'avenir, du bonheur, du progrès, de la grandeur, de la puissance, de la liberté, de la justice, de la paix, de la sécurité et du salut des hommes. Aux grands maux, les grands remèdes. L'histoire nous juge sans complaisance.

Conclusion

La philosophie que nous enseignons ici est un marteau pour briser toutes les idoles qui peuplent la pensée dominante. Ces idoles forment la civilisation macabre et génocidaire actuelle. L'humanité doit changer son fusil d'épaule. Le monde est présentement dans le gouffre. Il est dans un malaise dramatique sans précédent. Qui survivra à cette tragédie de covid-19, de corona virus, universalisée qui devient éternelle? Les peuples qui sont victimes de ce complot diabolique mondial pourront-ils gagner cette guerre qui leur est faite par les mondialistes, les eugénistes, les transhumanistes, les francs-maçons, les cabalistes, les oligarques capitalistes? De quels moyens, de quelles stratégies, de quelles tactiques et de quelles armes disposent-ils contre ces bio-terroristes qui contrôlent et possèdent le monde, qui s'arrogent le droit de vie et de mort sur l'humanité? Un rapport de force est engagé. Les bourreaux occupent présentement tous les terrains et tous les espaces médiatiques. Ils sont très puissants et très dynamiques. Leurs pensées et leurs propagandes constituent la pensée dominante, officielle et mondiale. Ils gèrent et contrôlent la presse internationale, officielle, les médias sociaux, les écoles, la science, la technologie, les religions, la politique, l'économie, la morale, l'éthique, le droit positif, les armées, les hôpitaux du monde entier. Ils sont les centres des décisions mondiales. Ils gèrent et contrôlent toutes les institutions nationales et internationales, la puissance financière, économique, militaire.

Les victimes sont soumises, contrôlées, écrasées, trompées, manipulées, transformées en moutons trop dociles, aveugles, sourds, muets. Elles sont terrorisées, paniquées, infantilisées, réduites à leur plus simple expression. Elles ont perdu tous leurs pouvoirs, tous leurs droits, toutes leurs libertés. Elles sont aliénées, bornées, déshumanisées, dépouvues de toute possibilité de se défendre. Tel est le bilan partiel ou l'état des lieux provisoir de cette guerre mondiale sournoise, organisée savamment , planifiée méthodiquement, déclenchée malicieusement, hypocritement, qui fait des ravages sur tous les plans. La philosophie du développement personnel lutte contre la pensée dominante toxique, l'arbitraire, l'injustice, le mal. Elle veut conscientiser et réconcilier tous les humains (les bourreaux avec leurs victimes), mettre fin à tous les conflits génocidaires, à toutes les dualités. Elle veut sauvegarder la dignité, la liberté, promouvoir la grandeur, la puissance, la supériorité de tous les humains. Elle veut que son idéal d'homme ou son idole, qu'est l'homme supérieur, habite tous les humains. Elle veut voir tous les hommes devenir très grands mentalement, moralement, très puissants, très heureux. Elle sème les propriétés essentielles de l'homme supérieur dans l'esprit de tous les hommes pour les transformer positivement en géants sur tous les plans. Le gigantisme, l'héroïsme, le supériorisme, le championisme, l'aristocratisme sont les fondements de son axiologie et de son existentialisme (philosophie d'existence). Elle condamne le mal, la faiblesse, la médiocrité, la petitesse, le faux, l'injustice, l'arbitraire, la violence, l'intolérance, la barbarie, la laideur. A cette fin, elle veut restaurer l'aristocratie ou la méritocratie dans le monde. Car seul ce système peut favoriser et développer la culture du mérite, de la grandeur, de la puissance, de la supériorité, de la vertu dans le monde. Cela seul peut améliorer la civilisation et la condition humaine. C'est le gage du progrès, du bonheur et du salut de l'humanité. Ainsi la philosophie et son objet, qu'est l'homme supérieur, peuvent sauver le monde en transformant la relation verticale de domination, d'oppression, de maître à esclave, de Dieu à homme en relation horizontale d'amour, de fraternité, d'union, d'égalité, de liberté et de justice. La philosophie demeure ainsi la source authentique de la sagesse qui doit être vécue comme moteur de l'histoire, facteur d'amélioration de la vie, de l'humanité, de la civilisation. Il lui faut gagner sa guerre contre la pensée vulgaire, superficielle, contre la pensée dominante qui a créé l'homme inférieur et le chaos. Cet homme inférieur s'avère l'ennemi mortel de l'humanité et de la civilisation. C'est lui qui provoque tous les dangers, toutes les catastrophes et tous les malheurs des humains. L'homme inférieur incarne satan et démon. Il est le destructeur du monde, de l'existence, de l'humanité. L'eugénisme, le transhumanisme, le covidisme et le vaccinisme sont les oeuvres de l'homme inférieur. Les oligarques, les ploutocrates, les capitalistes nuisibles sont les différentes figures historiques de l'homme inférieur. Leurs actes sont inspirés par le diable, satan et le démon. Leur nouvel ordre mondial est le reflet direct ou la manifestation concrète de lucifer dans le monde. C'est le nouveau désordre mondial ou le chaos absolu. Cela est opposé à la volonté de l'homme supérieur qui cherche à sauver l'humanité et la civilisation. Il est du devoir de la philosophie qui enseigne la responsabilité prospective, la conscience perspectiviste et la conscience historique de réconcilier l'homme supérieur avec l'homme inférieur, c'est-à-dire l'ange avec le diable ou Dieu avec satan. L'homme supérieur et l'homme inférieur constituent les deux faces de la médaille dans le jeu dialectique qui oppose le Bien au Mal, le bon au méchant.

Résumé Du Livre

La philosophie est un marteau contre les idoles, la faiblesse, la petitesse, l'impuissance. Elle fabrique des rois, des maîtres, des puissants, des dominateurs. Elle veut transformer l'homme inférieur en l'homme supérieur et la vie en l'existence.

Biographie De L'auteur

Dr François Adja Assemien est né le 15 mars 1954 en Côte d'Ivoire. Il a étudié les lettres classiques (latin et grec), les sciences humaines et la philosophie. Diplômé en philosophie (Doctorat d'Etat) et en sociologie (Licence), il s'est consacré à l'enseignement de la philosophie à l'université, à l'écriture et à la recherche académique. Il parle et écrit trois langues vivantes que sont le français, l'anglais et l'allemand.

Il est auteur de plusieurs ouvrages publiés en Europe et en Amérique (romans, essais, contes, pièces théâtrales) et de plusieurs concepts tels l'Afrocratisme, la Conscience Africaine, la Sidarologie, Aboubou musique, la Philosophie de l'esprit africain, la Philocure. Il est également artiste musicien, compositeur, chanteur et guitariste. Il vit aux Etats-Unis d'Amérique.

www.ingramcontent.com/pod-product-compliance
Ingram Content Group UK Ltd.
Pitfield, Milton Keynes, MK11 3LW, UK
UKHW041956230426
12048UKWH00008B/379